LES FABLES
de
PHÈDRE

FABLES
ET CONTES
CLASSIQUES

LES FABLES de PHÈDRE

MLP

LE RENARD ET LA CIGOGNE

Un renard et une cigogne étaient devenus amis. Ensemble, ils se promenaient le long du ruisseau ou paressaient au soleil dans les champs couverts de fleurs.

« Ma chère amie, dit un jour le renard à la cigogne, viens donc déjeuner chez moi demain. Nous aurons ainsi tout le temps de bavarder. »

La cigogne accepta cette invitation avec joie, et le lendemain, à l'heure du déjeuner, elle se rendit chez son ami.

« Entre, dit le renard. Je t'ai préparé l'une de mes meilleures spécialités. Installe-toi, je reviens dans un instant. »

Et il la laissa un instant, pour aller faire la cuisine.

Sur la table, couverte d'une belle nappe de lin, il y avait une cruche d'eau, une autre remplie de vin, de jolies assiettes... La cigogne en avait déjà l'eau à la bouche.

Patatras ! entendit-elle soudain. « Je me suis fait tomber un couvercle sur le pied ! » s'écria le renard. Mais il revint bientôt avec une grande soupière fumante.

« Mmmmh ! pensa la cigogne en se lissant les plumes de contentement. Je sens que je vais me régaler ! »
Seulement voilà... Le renard remplit les deux assiettes d'un ragoût qui sentait délicieusement bon... et il se mit aussitôt à manger. Mais la cigogne eut beau essayer d'en faire autant, elle ne put rien avaler : son assiette était trop plate et son bec trop long. Elle dut rester l'estomac vide et regarder le renard se resservir une seconde fois.
À la fin du repas, la cigogne, qui attendait avec impatience le moment de rentrer chez elle pour pouvoir enfin manger quelque chose, dit au renard : « Cher ami, je n'imaginais pas qu'on pouvait faire une cuisine aussi délicieuse ! Viens donc chez moi demain, je te préparerai à mon tour l'une de mes spécialités. »
Le lendemain, le renard se présenta, comme prévu, chez son amie. « Entre, fais comme chez toi, lui dit la cigogne. Mets-toi à table, c'est bientôt prêt. » De la cuisine venait une odeur délicieuse.
« Je ne sais pas ce qu'elle a préparé, pensa-t-il en se léchant les babines, mais ça sent drôlement bon ! »
Seulement voilà... Cette fois, ce fut au tour du renard de ne rien pouvoir avaler : le repas était servi dans des flacons à goulot étroit, et seule la cigogne pouvait y introduire son long bec !
« Aujourd'hui, te devras te contenter de me regarder manger, dit la cigogne. Chacun son tour ! »

LA GRENOUILLE ET LE BŒUF

Un jour, une grenouille vit un bœuf qui buvait l'eau d'un étang.
« Croâ, croâ, croâ ! » fit la grenouille, qui pensait : « Comme ce bœuf est gros ! »
Et le bœuf buvait, buvait toujours.
« Arrête, espèce de grossier personnage ! s'écria la grenouille. Tu es en train de vider l'étang ! »
Mais le bœuf ne parut guère impressionné.
Il leva juste la tête un bref instant pour la regarder de ses grands yeux, puis il se remit tranquillement à boire.
« Attends un peu, reprit la grenouille. Je vais te montrer de quoi je suis capable ! »
Et elle se mit à se gonfler d'air.

☆

« Je vais devenir énorme, pensait-elle, tellement énorme qu'il aura peur. Et l'on verra alors qui de nous deux est le plus fort. »
Pendant ce temps, le bœuf continuait de boire sans se soucier de la grenouille. Alors, en sautant de pierre en pierre, elle traversa l'étang pour aller se mettre en face de lui, et alors elle le regarda fixement. Au milieu des roseaux, d'autres grenouilles observaient la scène.
« Croâ, croâ, croâ... que veux-tu donc faire ? demandèrent-elles.

– Je veux chasser ce bœuf insolent. Je veux lui montrer qui je suis.
– Et comment vas-tu t'y prendre ?
– Comment ? Mais n'ai-je donc pas l'air terrible ?
– Eh bien... pas vraiment, répondirent les autres grenouilles.
– Enfin, voyons, ne suis-je pas plus grosse que lui ?
– Pas vraiment », répétèrent les autres.
Alors, perdant patience, la grenouille avala le plus d'air qu'elle le put.
« Et maintenant, ne suis-je pas plus grande ?
– Non, toujours pas. »
Cette fois, la grenouille devint folle de rage et fit des efforts désespérés pour se gonfler encore davantage. Elle enfla, enfla si bien que soudain... BOUM ! elle éclata.

LES GRENOUILLES QUI VOULAIENT UN ROI

« Croâ, croâ...Croâ, croâ... » Il y avait un tel tapage dans cet étang qu'aucune grenouille ne pouvait y vivre en paix.
« C'est la faute des jeunes », se lamentaient les plus âgées.
« De nos jours, hélas, il n'y a plus d'éducation ! »
Ce n'était partout que désordre et agitation. Des grenouilles sautaient en tous sens, se bousculaient, se disputaient. Les têtards qui ne trouvaient aucun endroit où jouer en paix ne cessaient de se plaindre : « Maman, on m'a tiré la queue !... Maman, un grand m'a frappé !... Maman, on m'a mis le doigt dans l'œil !... »
Si bien que toutes les grenouilles finirent par tomber d'accord :
« Ça ne peut plus durer ! Il nous faut un peu d'ordre et de discipline. Nous avons besoin d'un roi. »
Et elles décidèrent donc d'aller voir le grand dieu Jupiter pour lui demander de leur trouver un roi.
Jupiter haussa les épaules en riant.

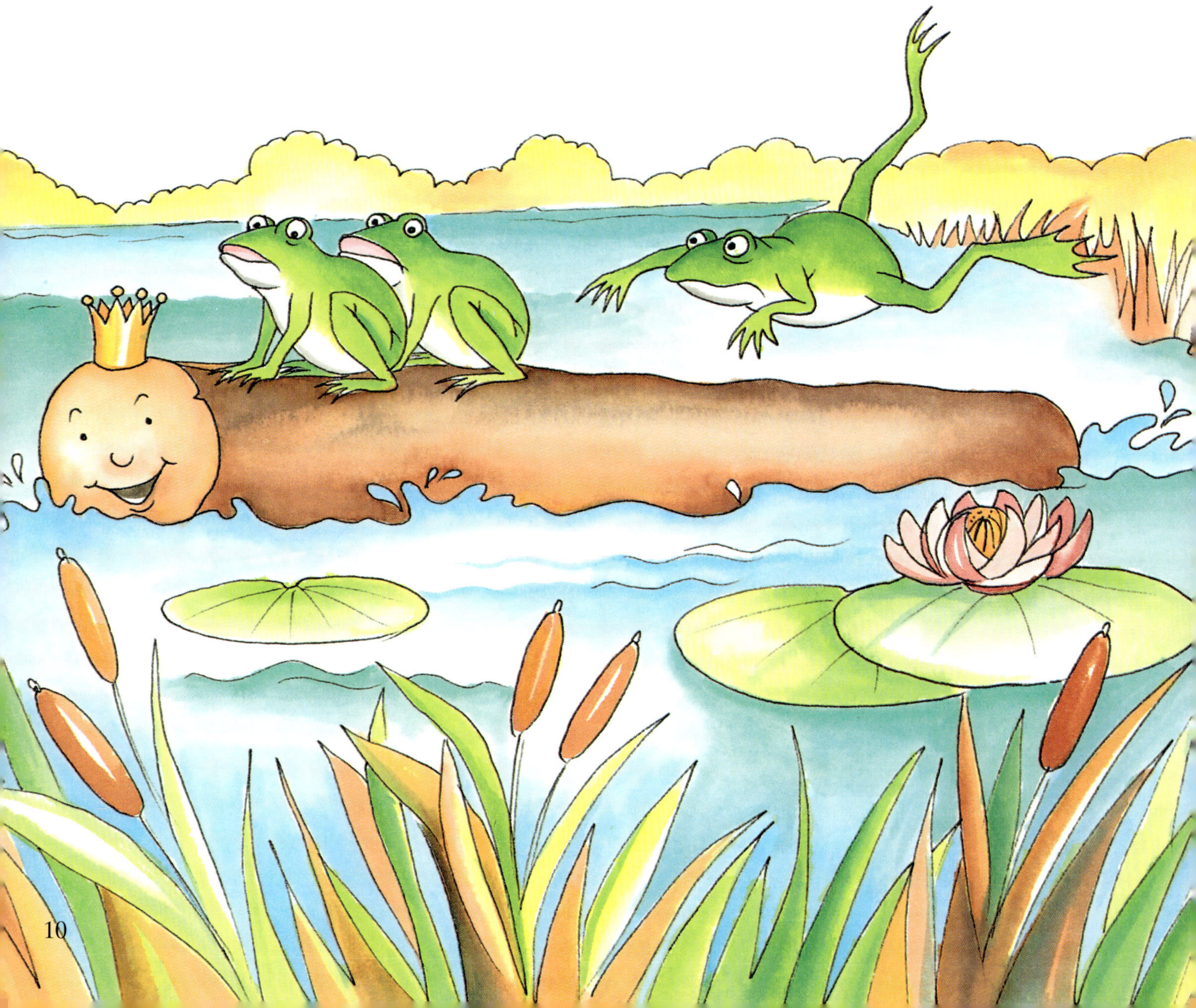

« Eh bien, tenez », dit-il en leur jetant un tronc d'arbre.
« Splash !... » fit le tronc d'arbre en tombant dans l'étang.
Les grenouilles apeurées s'enfuirent dans les roseaux pour observer de loin ce roi tombé du ciel. Après avoir tournoyé plusieurs fois sur lui-même, le tronc d'arbre finit par s'immobiliser au milieu de l'étang. Alors, une grenouille plus courageuse que les autres se remit à l'eau, nagea jusqu'à lui, en fit le tour et se décida enfin à sauter dessus.
« Croâ, croâ... ce n'est qu'un gros morceau de bois ! » cria-t-elle aux autres.
« Quoi, que dis-tu ? Un morceau de bois ? Mais ce n’est pas ce que nous voulons comme roi ! »
Et elles se mirent à protester en faisant un tel tapage qu’elles réveillèrent Jupiter qui faisait sa sieste, et il en fut fort en colère.
« Cette fois, se dit-il, il faut que je leur donne une bonne leçon. »
Et il lança dans l'étang une énorme couleuvre. À peine la couleuvre fut-elle arrivée dans l'eau qu'elle ouvrit grand sa gueule et attrapa une grenouille dont elle ne fit qu'une bouchée.
Puis elle en goba une autre et encore une autre... « Croâ, croâ... Au secours, Jupiter, au secours ! » hurlèrent les grenouilles survivantes.
Mais le maître des dieux leur répondit :
« Vous avez voulu changer de roi ? Eh bien, ne vous plaignez pas et gardez celui-ci. »

L'AIGLE, LA CHATTE ET LA TRUIE

Une aigle, une chatte et une truie vivaient en voisines dans un très grand chêne. L'aigle avait fait son nid au milieu des plus hautes branches. La chatte s'était installée dans un trou du tronc. Et la truie habitait entre les racines. Toutes trois avaient donné naissance à des petits.
« Miaou, miaou, pensait la chatte, nous sommes trop nombreux sur cet arbre. »
Elle décida donc de se débarrasser des deux autres. Et pour commencer, elle alla voir l'aigle.
« Ah, ma chère voisine, lui dit-elle, comme je me fais du souci !
– Et pourquoi donc ? demanda l'aigle.
– La nuit dernière, j'ai vu un énorme sanglier. Il reniflait notre arbre avec gourmandise.

Il veut certainement dévorer nos petits.
– Juste ciel ! s'écria l'aigle. Il ne faut plus que je quitte mon nid. »
Et c'est ce qu'elle fit.
Puis la chatte alla voir la truie.

« Ah, ma chère amie, c'est affreux !
– Que se passe-t-il ? Qu'est-ce qui t'arrive ?
– C'est épouvantable !
– Explique-toi, ne me fais pas attendre, supplia la truie.
– Je ne sais comment te le dire, reprit la chatte. Tes petits sont en danger.
– Hein ? s'écria la truie prise de panique. Et pourquoi donc ?
– C'est l'aigle. Elle guette le moment où tu t'éloigneras pour s'emparer de tes petits et les manger.
– Quelle horreur ! dit la truie. Je ne vais plus bouger d'ici. »
Et c'est ce qu'elle fit.
À partir de ce moment, chaque nuit, la chatte partait chasser en douce pour se nourrir. Et dans la journée, elle restait tapie dans le chêne en criant aux deux autres : « Ne sortez pas ! Ne sortez surtout pas ! C'est trop dangereux ! »
Si bien qu'à force de rester chez elles sans rien avoir à se mettre sous la dent, l'aigle et la truie, ainsi que leurs petits, finirent pas mourir de faim. Et la chatte demeura la seule habitante du chêne où elle put prendre ses aises et n'eut plus de souci à se faire pour trouver de quoi manger.

LE LOUP ET LE CHIEN

Un hiver où il faisait un froid terrible, un loup tout pelé et si maigre qu'on pouvait lui compter les côtes rencontra un chien bien gras, au poil luisant comme de la soie.

« Salut, l'ami ! dit le loup au chien. Tu m'as l'air en pleine forme. Où trouves-tu donc de quoi te remplir le ventre ? Moi qui suis plus fort, je n'ai rien à me mettre sous la dent et je meurs de faim.

– C'est simple, répondit le chien. Tu n'as qu'à venir travailler pour mon maître, et pour te récompenser, il te donnera autant de nourriture que tu en voudras.

– Que devrais-je faire ? demanda le loup, très intéressé.

– Oh ! pas grand-chose. Il faut seulement protéger sa maison contre les voleurs. Et des voleurs, il n'en passe presque jamais !

– Ce n'est rien, en effet, dit le loup. Allons vite chez ton maître. J'en ai assez de ce froid. Je veux me mettre au chaud et manger tous les jours, du matin au soir.

– Parfait. Alors, viens avec moi. »

Tandis qu'ils marchaient côte à côte, le loup remarqua que le chien n'avait presque plus de poils sur le cou.

« Qu'est-il donc arrivé à ton cou ? demanda-t-il.

– Euh... c'est la chaîne. Elle laisse des traces, tu comprends. Dans la journée, je suis attaché, mais le soir, je vais où je veux.

– Tu peux vraiment aller où tu veux ?

– Enfin, pas vraiment, non... seulement les jours où l'on m'enlève la chaîne, ou quand j'arrive à m'échapper.

– Eh bien, vois-tu, l'ami, dit alors le loup, je préfère mille fois souffrir de la faim et du froid plutôt que de perdre ma liberté ! »

Puis il fit demi-tour et s'en alla.

LE LOUP ET LA GRUE

Un loup avait mangé avec tant de voracité qu'un os lui était resté coincé dans la gorge.
« Au secours ! gémissait-il. À l'aide ! J'étouffe ! »
Et comme il ne voyait venir personne, il ajouta :
« J'offre une récompense à qui pourra me libérer de cette insupportable torture. »
Mais aucun animal n'avait envie de lui venir en aide.
« Je ne tiens pas à me faire manger », disait l'un.
« Mettre la tête dans la gueule d'un loup, disait un autre, ce serait de la folie ! »
« Pas question de lui porter secours ! » disait un autre.
« Ouououh ! hurlait le loup. Comme je souffre ! Je donnerai une superbe récompense à qui me délivrera. »
« C'est bien vrai que tu me donnerais une récompense ? demanda finalement une grue qui passait par là.
– C'est promis. Mais, je t'en prie, fais vite !
– D'accord, mon cher loup. Mais il faut d'abord que tu restes tranquille... Parfait. Maintenant, je vais faire de mon mieux. »
Et en moins de temps qu'il n'en faut pour le dire, la grue enfonça son long bec dans la gueule du loup et... hop ! elle retira l'os.
« Ah, quel bonheur ! s'écria le loup. Comme je me sens mieux ! Je vais enfin pouvoir recommencer à manger ! »
Et il se tourna vers la grue qui était restée devant lui et attendait.
« Alors, mon ami ? demanda-t-elle, quelle récompense vas-tu m'offrir ?
– Oui, c'est vrai, dit le loup, je t'avais promis une récompense. Eh bien, ma chère, tu seras le seul animal qui aura gardé la vie sauve après avoir mis la tête dans ma gueule. Ne trouves-tu pas que c'est une belle récompense ? En tout cas, il faudra t'en contenter ! »

LA SŒUR ET LE FRÈRE

Un homme avait deux enfants, un fils et une fille. Le petit garçon était très beau, alors que sa sœur était laide, et même très laide. Or un jour, les deux enfants trouvèrent un miroir dans un placard.

« Oh, comme je suis beau ! s'écria le petit garçon. Mais toi, qu'est-ce que tu es vilaine !

– Va-t'en ! dit sa sœur en lui donnant un coup de coude dans les côtes.

– Avec plaisir ! Je préfère aller jouer avec quelqu'un de moins vilain ! »

La petite fille se mit alors à pleurer et courut voir son père.
« Papa, mon frère m'a tiré les cheveux ! Et puis il a ouvert le placard de maman, il a fouillé dans ses affaires et tout mis sens dessus dessous... Et puis il a dit que je suis laide... Il a même dit que je suis très laide ! »
Alors le père les fit asseoir tous les deux sur ses genoux. Il dit à son fils : « Il ne suffit pas d'être beau, il faut aussi être bon. » Et le petit garçon approuva en hochant la tête. « Quant à toi, dit le père à sa fille, peu importe que tu ne sois pas aussi jolie que ton frère. Il suffit que tu sois vraiment très gentille et tout ira bien pour toi. » Et la petite fille fit un grand sourire.

LE LION ET LE RAT

Un jour, un petit rat se retrouva par hasard sur le dos d'un lion qui dormait dans l'herbe. Le lion se réveilla et le saisit aussitôt entre ses griffes pour le manger.

« Non, pitié ! gémit le pauvre petit rat. Je ne l'ai pas fait exprès ! Laissez-moi partir.

– Bon d'accord, rugit le lion. Aujourd'hui, j'ai envie d'être généreux, même avec un petit rat de rien du tout. »

Il ouvrit ses griffes pour libérer son prisonnier et ajouta :

« Gare à toi si tu recommences ! »

☆

Le petit rat tout content s'enfuit aussi vite qu'il le put.

« Merci, merci beaucoup ! » cria-t-il en disparaissant dans les buissons.

Quelques jours plus tard, le lion partit chasser. Et quand la nuit tomba, il était tellement fatigué qu'il ne vit pas un piège tendu entre des arbres. Et couic ! il se retrouva pris dans un filet dont il ne réussit pas à se dépêtrer.
« Au secours ! rugit-il. À l'aide ! »
Tous les animaux de la jungle l'entendirent, mais aucun n'osa s'approcher... aucun, sauf le petit rat qui accourut aussitôt.
« Je vais vous libérer, dit-il, car je vous dois la vie. »
Alors, lentement, patiemment, il se mit à ronger une à une les mailles du filet. Il travailla toute la nuit, et au lever du soleil, le lion retrouva la liberté. Et il était tout surpris d'avoir été sauvé par un petit rat de rien du tout.

LA HACHE ET LE MANCHE

Il était une fois un homme qui avait besoin de bois pour se construire une maison. Seulement il était bien ennuyé, car sa hache n'avait pas de manche. Alors il se rendit dans la forêt.

« Puis-je couper un petit arbre ? demanda-t-il aux sapins, aux chênes, aux châtaigniers et aux hêtres.

– Que veux-tu donc en faire ? lui demandèrent les arbres.

– Euh... bof ! dit l'homme embarrassé. Rien de spécial. »

Les arbres agitèrent leurs branches et leurs grandes bouches d'écorce firent la grimace.

« Non, moi je ne veux pas te donner mon tronc, grognèrent-ils chacun leur tour.
– Pourtant, je n'ai besoin que d'un tout petit arbre de rien du tout, insista l'homme.
– Donnons-lui satisfaction, pour qu'il nous laisse en paix », dit alors un frêne.
Or, au milieu de tous les grands arbres de la forêt, il y avait un tout petit olivier qui n'avait rien dit.
« Prends donc cet olivier », proposa un majestueux sapin. Aucun arbre ne s'y opposa et l'homme rentra chez lui avec le tronc de l'olivier dont il fit un robuste manche pour sa hache. Après quoi, il revint dans la forêt où il se mit à couper les arbres les uns après les autres.
Et le sapin, en s'abattant sur le sol, dit au frêne :
« Bien fait pour nous ! Si nous ne lui avions pas donné ce petit olivier, nous n'en serions pas là ! »

LES VOYAGEURS ET LE BRIGAND

Deux voyageurs cheminaient tranquillement dans une forêt quand...
« Attention, prenez garde ! » coassèrent des corneilles.
Quelque temps plus tard...
« Attention, prenez garde ! » murmura le ruisseau. Les voyageurs arrivèrent dans une clairière et là...
« Attention, prenez garde ! » bêlèrent des brebis qui revenaient du pâturage.
C'est alors que les deux voyageurs virent soudain sortir des fourrés un gigantesque brigand qui avait l'air féroce.

« La bourse ou la vie ! » hurla-t-il d'une voix terrifiante.
L'un des voyageurs s'enfuit aussitôt. L'autre resta là et, à grands coups de bâton, il tua le brigand. Celui qui avait fui n'était pas allé très loin. Et quand il n'entendit plus de bruit, il rejoignit son compagnon en brandissant son épée.
« Me voici ! cria-t-il. Laisse-le-moi, que je le coupe en rondelles !
– Évidemment, répondit l'autre, maintenant qu'il est mort, tu peux en faire ce que tu veux ! Tu aurais mieux fait de m'aider quand j'en avais besoin, au lieu de te sauver à toutes jambes ! »

LA VACHE, LA CHÈVRE, LA BREBIS ET LE LION

Il y eut une fois une sécheresse telle que l'herbe ne poussait plus nulle part.
Une vache dit alors à ses amies, la chèvre et la brebis, qui étaient maigres à faire peur :
« Allons à la chasse avec le lion. Plutôt que de l'herbe, nous mangerons ce qu'il attrapera.
– Bonne idée », répondirent les deux autres
Et toutes trois rejoignirent le lion qui les accueillit avec surprise :
« Quoi ? Comment ? Vous voulez vraiment m'accompagner à la chasse ?
– Meuh, meuh... bêêh, bêêh... oui, c'est bien ça !
– Eh bien d'accord. Suivez-moi. »
Ils partirent par monts et par vaux, à travers prairies et forêts, jusqu'à ce que le lion finisse par tuer un superbe cerf. Il en fit quatre parts et dit :
« Cette première part me revient, parce que je suis le lion, le roi de la forêt. Cette deuxième est encore pour moi, parce que je suis le plus fort. Quant à cette troisième, je la mérite bien, puisque, comme vous avez pu le constater, je suis le meilleur chasseur du monde.

– Euh... oui, bien sûr... » dirent en chœur la vache, la brebis et la chèvre.
Elles regardèrent avec envie le lion manger tranquillement. Puis, comme elles mouraient de faim, elles finirent par demander timidement :
« Ne reste-t-il pas une quatrième part ? Celle-là, au moins, tu peux nous la laisser.
– Ah oui ? rugit le lion entre deux bouchées. Eh bien, venez donc la prendre, si vous en avez le courage ! »

LES DEUX MULES ET LES BRIGANDS

Il y a très longtemps, deux mules cheminaient sur une route. La première portait un gros sac rempli de pièces d'argent et la seconde n'avait qu'un chargement de grains de blé.
« Comme tu peux le constater, dit la première, notre maître a plus d'estime pour moi que pour toi. S'il a mis les pièces d'argent sur mon dos, c'est parce qu'il sait que je suis la meilleure. »
Elle secouait la tête avec satisfaction et le bruit des grelots qui étaient attachés à sa crinière faisaient fuir les oiseaux.
« Ne prends donc pas ces grands airs », répondit l'autre en continuant d'avancer tranquillement le long de la route.
Mais soudain, deux féroces brigands sortirent d'un bois et se précipitèrent vers les deux mules.

« À l'aide ! Au secours ! » cria celle qui portait les pièces d'argent en voyant les deux hommes se jeter sur elle, leur poignard à la main.
Les brigands la tuèrent pour s'emparer de l'argent. Quant à l'autre mule, ils la laissèrent partir sans lui faire de mal : pour eux, des grains de blé n'avaient aucune valeur.
« Je suis vivante ! s'écria-t-elle en s'enfuyant au galop. Dans ce monde, mieux vaut avoir peu d'importance. C'est la meilleure façon d'éviter les ennuis ! »

LE LIÈVRE ET LE PAYSAN

Un lièvre courait de toute la vitesse dont il était capable pour essayer d'échapper à un chasseur. Il arriva ainsi devant une haie touffue et alla aussitôt s'y blottir, certain que personne ne viendrait l'y chercher. Mais un paysan l'aperçut.

« Aie pitié de moi ! supplia le lièvre. Ne révèle pas ma cachette.

– D'accord, d'accord, répondit le paysan. C'est promis, je ne dirai rien. »

Un instant plus tard arriva le chasseur hors d'haleine.

« Eh, l'ami, n'as-tu pas vu le lièvre que je poursuis ? demanda-t-il au paysan.

– Un lièvre ? Oui, je l'ai vu, il est parti là-bas, vers la droite. »

Or, tout en disant cela, le paysan tournait les yeux vers la gauche, dans la direction de la haie où se cachait le lièvre. Mais le chasseur ne comprit pas ce signal et s'en alla.

« Remercie-moi, dit le paysan au lièvre. Je t'ai sauvé la vie.

– Menteur ! s'écria le lièvre. Tu m'as sauvé en paroles, mais si ce chasseur avait compris le langage de tes yeux, je serais mort ! »

LE CHEVAL ET LE SANGLIER

Par une chaude journée d'été, un sanglier se baignait dans un étang où un cheval avait l'habitude de venir boire.

« Ah, que c'est agréable ! pensait-il. Comme cette fraîcheur me fait du bien ! »

C'est alors qu'arriva le cheval.

« Eh là ! hennit-il furieux. Regarde-moi ça ! Tu salis toute mon eau !

– Mais mon ami, répondit tranquillement le sanglier, l'eau ne t'appartient pas, elle est à tout le monde. Laisse-moi donc boire en paix !

– Tu me le paieras ! s'écria le cheval. Tu verras ce qui va t'arriver ! »
Et il partit au grand galop chercher un paysan.
« Il y a un sanglier dans l'étang, lui dit-il. Et à cause de lui, l'eau est devenue imbuvable.
– Conduis-moi à cet étang, répondit l'homme. Je vais arranger ça. »
Et sans plus tarder, il alla tuer le sanglier. Mais ensuite, il mit des rênes au cheval et l'emmena en captivité.
« Quel imbécile j'ai été ! se lamentait l'animal. Pour avoir voulu me venger d'une petite offense de rien du tout, voilà que maintenant j'ai perdu ma liberté. »

L'ÂNE ET LE LION À LA CHASSE

Un lion qui aimait bien plaisanter décida un jour d'emmener un âne chasser avec lui. « Accompagne-moi donc à la chasse, dit-il à l'âne. Tes braiments feront peur au gibier et je pourrai ainsi le capturer plus facilement.

– Tu as raison, ma voix puissante va faire trembler la jungle ! répondit l'âne en se rengorgeant.

– Parfait ! Allons-y. Va te cacher derrière ces buissons et, à mon signal, tu te mettras à braire. »

Et c'est ce qui se passa.

« Hi-han ! Hi-han ! Hi-han ! » braillait l'âne à tue-tête.

Et gazelles, antilopes, zèbres, tous les animaux du voisinage s'enfuirent épouvantés... vers l'endroit où se tenait le lion qui en tua des dizaines.
« Hi-han ! Hi-han ! » continuait à hurler l'âne qui avait fini par y prendre goût.
« C'est assez, maintenant ! lui cria le lion. Tu me casses les oreilles !
– Quoi ? Mais ma voix a fait des miracles !
– Ça, tu peux le dire ! s'exclama le lion. Si je n'avais pas su que c'était toi, je serais mort de peur. »
Et il s'empressa de prendre le large.

LE CHIEN ET LES CROCODILES

Un chien, qui avait très soif, s'était approché d'un fleuve. Mais il n'osait pas aller y boire, car ses eaux étaient fréquentées par de nombreux crocodiles. Il avait beau gronder et aboyer, les crocodiles ne se laissaient pas impressionner. Camouflés en troncs d'arbres, ils flottaient à la surface en le surveillant de leurs gros yeux cruels. Ils le suivaient le long de la berge et ouvraient grand leur énorme gueule dès qu'il tentait de s'avancer vers l'eau. Alors, évidemment, il prenait peur à la vue de leurs dents pointues et s'empressait de reculer.
« Quel horreur ! se lamentait-il. Je n'ai, malheureusement, que deux possibilités, soit mourir de soif, soit me faire dévorer ! »

Le pauvre se mit à courir aussi vite qu'il le pouvait, la langue pendante. Puis il s'arrêta et se pencha pour boire, en espérant qu'il avait réussi à distancer les crocodiles. Mais les horribles bêtes, qui avaient nagé sous l'eau, surgirent aussitôt, la gueule grande ouverte.
« Tu ne nous échapperas pas ! » semblaient-elles dire.
Alors le chien se remit à courir à perdre haleine.
Il courut ainsi longtemps, quand soudain... blob, blob, blob... des centaines de bulles apparurent à la surface de l'eau, en même temps qu'une énorme tête de crocodile.
« Tu m'as l'air bien pressé, dit le crocodile d'une voix douce. Viens donc boire tranquillement... Avec cette chaleur, tu dois avoir très soif.
– Et puis quoi encore ? répliqua le chien qui avait reculé d'un bond. Je sais fort bien que tu espères pouvoir me manger ! Moi, j'ai soif, et toi, tu as faim ! »
Et il reprit sa course, en se moquant de tous les crocodiles du fleuve.

LA CIGALE ET LA CHOUETTE

Une cigale chantait sans arrêt, du matin au soir. « Assez, par pitié ! supplia une chouette. Arrête au moins quelques heures. Je veille toute la nuit pour chasser et, dans la journée, j'ai besoin de dormir ! » Mais la cigale continuait de chanter sans se soucier de sa voisine.
« Ah, si tu pouvais perdre ta langue ! » grommelait la chouette.

☆

Du matin au soir, la cigale chantait, chantait toujours, et la chouette, furieuse, se cachait la tête sous ses ailes pour essayer de ne pas l'entendre.
« Au secours ! Qu'on la fasse taire ! » cria une fois de plus la pauvre chouette qui ne dormait plus depuis des jours. Mais elle ne réussit pas davantage à obtenir un peu de silence.

« Il faut pourtant bien que j'arrive à me débarrasser de cette maudite cigale d'une manière ou d'une autre ! » se dit-elle.
Comme les injures et les supplications n'avaient rien donné, elle décida d'utiliser la ruse.
« Ah, ma chère, quelle voix étonnante ! s'écria-t-elle. C'est si beau que je vais passer ma journée à t'écouter au lieu de dormir ! »
Dans le champ voisin, la cigale flattée, se mit à chanter de plus belle.
« Quelle merveille ! reprit l'autre. Quel talent ! Viens donc par ici que je puisse te féliciter. »
La cigale, qui était très vaniteuse, ne se le fit pas dire deux fois. Pas à pas, elle se fraya un chemin entre les herbes et finit par arriver ainsi au pied de l'arbre où se tenait la chouette. Alors celle-ci, dès qu'elle la vit, lui sauta dessus et la tua.
« Hourra ! s'écria-t-elle. Mon cauchemar est terminé ! »
Et elle voleta d'arbre en arbre pour annoncer à tous la bonne nouvelle.

LA CORNEILLE VANITEUSE ET LES PAONS

« Croâ, croâ, comme je suis belle ! » se disait une corneille à bec rouge.
Elle lissa soigneusement ses plumes et se mit à courir à travers champs. Puis elle s'arrêta soudain et tourna la tête pour regarder sa queue.
« C'est parfait, elles tiennent bon, s'écria-t-elle. Ah, quelle splendeur ! Avec ces plumes multicolores, je suis superbe ! »
Car elle s'était revêtue de quatre plumes de paon qu'elle avait trouvées par terre. Et en croassant de bonheur, elle alla se poser sur un pommier en fleur pour mieux se faire admirer.
« Ces couleurs me vont vraiment à ravir ! » se disait-elle.
« Eh, tu nous accompagnes jusqu'au fleuve ? » lui demandèrent deux gros corbeaux qui étaient ses cousins.
« Pas question de fréquenter des gens aussi peu intéressants », pensa-t-elle.

« Alors, tu viens ? insistèrent ses cousins.
– Non, je n'y tiens pas. Noirs comme vous êtes, vous manquez trop d'élégance pour que je me montre en votre compagnie !
– Regardez-moi cette bêcheuse ! s'exclamèrent les deux corbeaux en s'éloignant. Qu'est-ce qui lui prend ? »
Quelques instants plus tard, une dizaine de paons arrivèrent près du pommier.
« Quelle élégance ! pensa la corneille. Quelle allure ! Voici enfin des amis dignes de moi. »
Elle descendit aussitôt de son arbre pour se joindre à eux et s'efforça de les imiter. Comme ils se déplaçaient légèrement sur la pointe des pieds, elle en fit autant. S'il leur arrivait de lever fièrement la tête, elle levait fièrement la tête. Mais quand ils firent la roue, en déployant les grandes plumes multicolores de leur queue, il lui fut impossible, malgré tous ses efforts, d'écarter les quatre plumes dont elle s'était ornée.

Son comportement bizarre finit par intriguer les paons.
« Que cet oiseau est laid ! se dirent-ils entre eux. Et ce grossier personnage a le culot de vouloir nous imiter ! »
« Nous devrions lui donner une bonne leçon », proposa le chef de la bande.

Sans plus attendre, tous se précipitèrent sur la corneille et se mirent à lui donner des coups de bec et à lui arracher les plumes.
« Aïe ! Ouille-ouille-ouille ! » cria la corneille en s'enfuyant.
Mais les paons la poursuivirent sans pitié. Craignant qu'ils ne finissent par la tuer, elle réussit à les devancer suffisamment pour pouvoir s'envoler, et alla se poser, à bout de forces, sur un rocher proche du fleuve.

☆

Les corbeaux éclatèrent de rire en la voyant. « Ah ! ah ! ah ! Mais c'est notre élégante cousine ! Que lui est-il donc arrivé pour qu'elle soit dans un tel état ? »
La corneille se sentit un peu rassurée par leur présence.
« Venez m'aider, mes bons cousins ! supplia-t-elle. Je n'en peux plus !
– T'aider ? répondirent-ils. Tu n'y penses pas ! Tout à l'heure, tu as trouvé que nous n'étions pas dignes de ta compagnie. Alors, maintenant, débrouille-toi toute seule ! »

LA BREBIS, LE CHIEN ET LE LOUP

« Voleuse, rends-moi le pain que tu m'a pris ! » grondait un chien en présence des poules, des canards, des oies et de tous les autres oiseaux de la ferme où il vivait.
Le poil hérissé, il montrait les dents à une brebis qui se tenait en tremblant au pied d'un arbre.
« Bêêh, bêêh... bredouillait la brebis. Que dis-tu là ? J'habite dans la bergerie qui est de l'autre côté du fleuve et je ne viens jamais par ici où il n'y a presque pas d'herbe à brouter.
– Écoutez-la !.. Quelle audace ! N'empêche que hier, tu es venue me dérober l'écuelle de pain que mon maître me donne tous les jours.
– Non, je ne me serais jamais permis... gémit la pauvre brebis.
– Quoi ? Tu me voles et en plus tu oses le nier !

– Mais... ce n'est pas possible !
– Tais-toi ! aboya le chien. Il y a même des témoins. N'est-ce pas, mon cher loup, que c'est une voleuse ?
– Et comment ! répondit un loup qui se trouvait là par hasard. Je l'ai vue de mes yeux ! Elle arrive tranquillement, la tête basse, elle jette un coup d'œil autour d'elle, puis... hop ! un jour, elle prend du pain... hop ! un autre jour, elle s'empare d'un os... hop !
– Ça suffit ! Il faut maintenant qu'elle rende tout ce qu'elle a pris ! Sinon... »
Et il s'approcha d'elle pour la mordre.

☆

« Écoutez-moi ! supplia la brebis. Je n'ai rien fait !
– Ne crois pas que tu pourras t'en tirer comme ça ! crièrent tous les animaux de la ferme. Tu dois rendre ce que tu as pris ! Va vite à ta bergerie et reviens avec le pain, sinon... »

Et la pauvre brebis fut ainsi obligée d'apporter au chien du pain qu'elle n'avait jamais volé. Puis elle repartit, le cœur rempli de tristesse et d'indignation.
Quelques jours plus tard, la brebis alla se promener dans un bois des environs. Comme elle trottinait tranquillement entre les arbres, elle entendit soudain des plaintes. C'était la voix du loup !
« Ououh ! gémissait-il. Pauvre de moi ! Au secours ! Je suis pris dans un piège. Viens me sortir de là !
– Tu peux toujours courir ! lui répondit la brebis. Ça t'apprendra à raconter des mensonges et à faire condamner les autres injustement. »
Et elle l'abandonna à son triste sort.

LE COQ ET LA PERLE

« Cocorico ! Quelle belle journée ! Ah comme je suis heureux ! »
Ainsi chantait un beau coq en grattant la terre à la recherche de quelques vermisseaux.
« Cocorico ! Cocorico ! criait-il à tue-tête. Réveillez-vous ! Ce n'est plus le moment de dormir. Le soleil brille, c'est le printemps, la vie est belle ! »
De temps à autre, il cessait de crier quand il apercevait quelque chose d'intéressant. Il se campait alors sur ses deux pattes, baissait la tête et regardait de ses yeux ronds ce qu'il avait trouvé.

☆

« Eh ! Quel beau ver de terre ! Je vais le manger en apéritif. »
Quelques pas plus loin, il s'arrêtait de nouveau pour gratter le sol.
« Tiens, une limace ! Je vais me régaler. »
Et il ne fit qu'une seule bouchée de la limace. Mais, en même temps, il avala aussi quelques four-mis.
« Pouah ! Je déteste ce goût acide ! »

Quand il fut rassasié, il continua de se promener dans la cour de la ferme en regardant autour de lui avec satisfaction.
« Je suis vraiment bien, ici, se disait-il. Je ne manque de rien : j'ai de la nourriture à volonté, une couche confortable dans le poulailler et de nombreuses poules pour me tenir compagnie. Et puis, surtout, il y a ce tas de fumier rempli de friandises : des vers aussi gros que des limaces, des quantités de croûtes de pain, des restes de riz, de pâtes et de toutes sortes d'autres nourritures... Ah, c'est une vraie merveille !.. »

☆

Ce jour-là, en arrivant devant le tas de fumier, cette source de tant de délices, il écarquilla les yeux.
« Qu'elle est belle ! s'écria-t-il en voyant une perle parmi les épluchures de légumes. C'est dommage qu'elle soit tombée au milieu de ces ordures ! Oui, elle est vraiment splendide... seulement elle ne peut me servir à rien. Moi, ce qu'il me faut, c'est de quoi me remplir l'estomac. Je n'ai pas besoin de bijoux. »
Et il se remit à gratter le sol à la recherche de vers et de moucherons.
C'est ainsi que cette superbe perle resta dans le tas de fumier, parce que, comme il arrive souvent, elle ne fut pas appréciée à sa juste valeur.

LE VOYAGEUR ET LE CORBEAU

« Comme je suis en retard ! » se lamentait un homme qui marchait rapidement sur une petite route de campagne.

« Je vais encore avoir droit aux reproches de ma femme. Chaque fois que je vais au marché, je rentre tard et la soupe refroidit. Ah, comme j'aimerais être un peu seul et ne plus être obligé d'entendre ses réflexions désagréables ! »

« Salut, l'ami ! dit soudain une voix mystérieuse.

– Eh... bonjour ! » répondit l'homme en s'arrêtant pour répondre à celui qui venait de le saluer.

Il regarda à droite, il regarda à gauche, mais il ne vit personne.

« Bah, pensa-t-il, je suis tellement fatigué que j'entends des voix. Je travaille beaucoup trop, c'est ce que je dis toujours à ma femme... »

« Salut ! » répéta la voix mystérieuse.

« Eh, on dirait qu'il y a vraiment quelqu'un », pensa l'homme.

Il regarda de nouveau autour de lui, mais, une fois de plus, il ne vit personne.

« Oh ! là, là ! gémit l'homme. Je ne me sens pas bien. Voilà que j'ai des hallucinations ! Il faut absolument que j'aille voir un médecin. »
« Bonjour, bonjour ! » le salua de nouveau la voix mystérieuse.
Pendant un bon quart d'heure, l'homme regarda partout autour de lui.
« Il y a deux possibilités, se disait-il, ou bien je suis malade, ou bien quelqu'un est en train de me faire une blague. »
Il se mit à tourner lentement sur lui-même pour observer ce qui l'entourait.
« Eh, cria-t-il, la plaisanterie a assez duré ! Ça suffit ! maintenant, tu peux te montrer ! »
Mais il ne vit pas âme qui vive et rien ne bougea.
« Peut-être que ma vue baisse, se dit l'homme. Mais il faudrait que je sois devenu complètement aveugle pour ne pas voir quelqu'un qui me salue ! »

Il se sentait découragé. Debout au bord de la route, il se grattait la tête en essayant de réfléchir. Les minutes passaient et il se faisait de plus en plus tard.

« Pourtant, pensait-il, les arbres, l'herbe, les nuages, les collines... je les vois tous parfaitement bien. »

« Bonjour, bonjour ! » La voix mystérieuse le fit sursauter. Mais cette fois, à force de se tourner dans toutes les directions pour essayer de comprendre d'où venait cet appel, il finit par découvrir, perché sur une branche... un gros corbeau noir !

« Sale bête ! s'écria l'homme. Oiseau de malheur ! C'est donc toi qui m'as fait perdre tout ce temps ! »

Table des matières